BEI GRIN MACHT SICH IHR WISSEN BEZAHLT

- Wir veröffentlichen Ihre Hausarbeit,
  Bachelor- und Masterarbeit

- Ihr eigenes eBook und Buch -
  weltweit in allen wichtigen Shops

- Verdienen Sie an jedem Verkauf

Jetzt bei www.GRIN.com hochladen
und kostenlos publizieren

GRIN ☺

Kevin Niehaus

Das NPD-Verbotsverfahren

Verfahrensverlauf im Jahre 2003 und Schwierigkeiten eines erneuten Verfahrens

GRIN Verlag

Bibliografische Information der Deutschen Nationalbibliothek:

Die Deutsche Bibliothek verzeichnet diese Publikation in der Deutschen National-
bibliografie; detaillierte bibliografische Daten sind im Internet über http://dnb.d-
nb.de/ abrufbar.

Impressum:

Copyright © 2010 GRIN Verlag GmbH
Druck und Bindung: Books on Demand GmbH, Norderstedt Germany
ISBN: 978-3-640-90096-1

Dieses Buch bei GRIN:

http://www.grin.com/de/e-book/171078/das-npd-verbotsverfahren

GRIN - Your knowledge has value

Der GRIN Verlag publiziert seit 1998 wissenschaftliche Arbeiten von Studenten, Hochschullehrern und anderen Akademikern als eBook und gedrucktes Buch. Die Verlagswebsite www.grin.com ist die ideale Plattform zur Veröffentlichung von Hausarbeiten, Abschlussarbeiten, wissenschaftlichen Aufsätzen, Dissertationen und Fachbüchern.

Besuchen Sie uns im Internet:

http://www.grin.com/

http://www.facebook.com/grincom

http://www.twitter.com/grin_com

Das NPD-Verbotsverfahren

Inhaltsverzeichnis

Literaturangaben

1. Einleitung

Die Nationaldemokratische Partei Deutschlands (NPD) ist durch ihre rechtsextreme Ideologie ohne Zweifel eine der am meisten diskutierten Parteien Deutschlands.

Im letzten halben Jahr konnte man im Rahmen der Bundestagswahl Wahlplakate in ganz Deutschland betrachten, die noch nie so radikal und offensichtlich rechtsextreme und verfassungswidrige Parolen zeigten wie bislang. Ein kurzer Blick und ein paar Klicks später wird auf der offiziellen Homepage der NPD diese politische Haltung schon alleine durch Anführung eines Definitionsregister von NPD-charakterisierenden politischen Begriffen verdeutlicht. Währenddessen von der NPD propagierte Begriffe wie (exemplarisch) Rasse und Stamm heutzutage eindeutig aus dem politischen Vokabular gestrichen sind, wird gleichzeitig versucht Ursachen präsenter Problembereiche und Herausforderungen der heutigen international multikulturellen und pluralistischen Gesellschaft in rechtsextremen Gedankengut zu begründen.

Zuletzt kam durch einen von vermutlich Rechtsextremen ausgeführten Anschlag auf den Passauer Polizeichef, der sich offen gegen die NPD stellte, die Diskussion über ein erneutes Verbotsverfahren auf.

Umso unverständlicher mag es sein, dass es bis zum heutigen Tage noch nicht gelungen ist, die NPD zu verbieten. Es drängt sich somit die Frage auf, welche grundlegenden Schwierigkeiten bei einem Verbotsverfahren der NPD auftreten.

Die Hausarbeit soll demnach einen Überblick und zeitlichen Abriss darüber geben, welche Voraussetzungen zum Anstreben des Verfahrens nötig waren, weshalb das Verbotsverfahren im Jahr 2003 scheiterte und wie die Reaktionen in der Politik aus das Scheitern sowie weitere, daran anschließende Debatten um ein weiteres Verbotsverfahren, ausfielen.

Dabei soll auf Basis dieser Erkenntnisse versucht werden, die Schwierigkeiten eines erneuten Verbotsverfahrens der NPD vor dem Bundesverfassungsgericht aufzuzeigen.

2. Wie kam es zum NPD-Verbotsverfahren?

Die NPD-Verbotsdebatte wurde durch mehrere Ereignisse im Jahr 2000 ausgelöst, denen rechtsextreme Hintergründe zugeschrieben werden konnten bzw. von denen angenommen wurde, dass es sich um rechtsextreme Taten handelte.

Durch ihre erfolgreiche Demonstration am Brandenburger Tor, mit der zugrunde liegenden Parole „Wir sind wieder da", geriet die NPD zu Beginn des Jahres 2000 nach längerer medialer Abstinenz erstmals wieder in den Fokus der Öffentlichkeit (vgl. Lang (2008): 30). Im Juni des selben Jahres wurde in Dessau der Mosambikaner Alberto Adriano von Rechtsextremisten zu Tode getreten. Bereits einen Monat später verübten Unbekannte einen Sprengstoffanschlag auf einen Düsseldorfer S-Bahnhof, bei dem neun jüdische Aussiedler aus Russland verletzt wurden. Trotz vieler Hinweise, die die Täter in einem rechtsradikalen Umfeld vermuten lassen, ist bis zum heutigen Tage jedoch nicht bekannt, ob dieser Anschlag in der Tat von Rechtsextremisten ausgeübt wurde. Zu Jahresende verübten vorerst Unbekannte einen Brandanschlag auf eine Düsseldorfer Synagoge. Auch wenn sich später herausstellte, dass der Anschlag von zwei Arabern verübt wurde, ist zum damaligen Zeitpunkt recht deutlich geworden, dass eine stetige Annahme rechtsextremer Gewalt und Gedankenguts zu verzeichnen ist.

Dies wird vor allem auch durch die bis Ende Juli insgesamt 394 bei der Polizei registrierten Gewalttaten deutlich, „die möglicherweise einen rechtsextremen Hintergrund aufwiesen" (vgl. Wolf (2006): 1).

Die Debatte um das Verbotsverfahren der NPD im Jahr 2000 brachte der NPD viel Aufmerksamkeit, obwohl ihre gesellschaftliche und politische Bedeutung bis zu diesem Zeitpunkt stark abgenommen hatte. Die Erfolge der NPD Mitte der

60er-Jahre, wie die Präsenz ab 1966 in sieben Landesparlamenten mit insgesamt 61 Abgeordneten (vgl. NPD (2009): 1), lagen schon lange zurück. Das Scheitern sowie der allmähliche Absturz der Partei in die Bedeutungslosigkeit begann mit der missglückten Bundestagswahl 1969. Sie verschwand aus allen Landtagen und spielte von dort an keine Rolle mehr als Wahlpartei. Dies verdeutlicht auch der Rückgang der Mitgliedszahlen von (im Jahr 1966) 30.000 auf 2.800 Mitglieder im Jahr 1995 (vgl. Flemming (2007)).

Erst durch den neuen Parteivorsitzenden Udo Voigt erlebte die Partei 1996 wieder einen Aufschwung und den damit einhergehenden ideologischen Kurswechsel. Neben einer intensiven Zusammenarbeit mit rechtsextremen Kameradschaften, Skinhead-Gruppierungen und anderen neonazistischen Elementen (vgl. Lang (2008): 12f.) gab die Partei öffentlich zu, eine verfassungsfeindliche Haltung zu haben. Durch das gezielt propagierte neue „Drei-Säulen-Konzept", zu dem der „Kampf um die Straße", der „Kampf um die Köpfe" sowie der „Kampf um die Wähler" gehörte, gelang es der NPD neue rechtsextreme Anhänger zu gewinnen. Dabei kam der NPD das Verbot einiger rechtsextremer Organisationen sehr gelegen, denn die nun vielmehr „freien" Anhänger konnten leicht geworben werden. Durch diese Möglichkeit der „Gewinnung von Gleichgesinnten" stieg die Mitgliederzahl bis zum Jahr 2000 auf 6.500. Auf Wahlebene blieb die NPD jedoch weiterhin erfolglos (vgl. Flemming (2007)).

Auf politischer Ebene brachte der ehemalige Innenminister Bayerns, Günther Beckstein (CSU), die Diskussion um ein NPD Verbot erstmals auf. Seine Forderung Anfang August 2000 gegenüber der Bundesregierung lautete, „die notwendigen Schritte für die Vorbereitung eines Verbotsantrags einzuleiten" (Wolf (2006): 1).

> Beckstein: „Wir dürfen nicht zulassen, dass unter dem Schutz des Parteienprinzips neonazistisches Gedankengut gefördert wird."
> (ebd.)

Auch der damalige Bundeskanzler Gerhard Schröder (SPD) stimmte der Forderung Becksteins zu und forderte Konsens von Bundestag und Bundesrat für einen gemeinsamen Verbotsantrag. Seine Argumentation verlief ähnlich wie Becksteins. Er rief zum „Aufstand der Anständigen" auf (Lang (2008): 32).

Nachdem Anfang Oktober 2000 entsprechende Unterlagen des bayrischen Verfassungsschutzes ausgewertet waren, sah der damalige Innenminister Otto Schily (SPD) den richtigen Zeitpunkt, den Verbotsantrag zu stellen. Er erklärte als erstes Mitglied der Bundesregierung, dass die Auswertungen inzwischen genügend Anhaltspunkte hervorgebracht hätten, die deutlich zeigen würden, dass die NPD verfassungswidrig sei (vgl. Wolf (2006): 1).

In einem Interview sprach sich Ende Oktober 2000 ebenfalls Wolfgang Clement (damaliger Ministerpräsident Nordrhein-Westfalens) für ein Verbot der NPD aus:

> „Was gegen die NPD spricht ist die wachsende Neigung zur Gewalttätigkeit. Es ist ja bezeichnend, dass Waffenfunde bei Mitgliedern der NPD sich häufen, die Gewaltneigung steigt. Was gegen die NPD spricht ist, dass sie Rechtsbruch fördert aus ihren Reihen heraus, dass bei ihren Demonstrationen Skinheads, Gewalttäter und Neonazis eine herausragende Rolle spielen. Das alles spricht gegen die NPD oder spricht dafür, diese Partei, die in meinen Augen keine ist, zu verbieten." (ebd.)

Nach der *Vorreiterposition* Schilys, stimmten auch die meisten Länder-Ministerpräsidenten dem Verbotsverfahren zu. Durch den Stimmzuwachs von SPD, den Grünen und der PDS, befürwortete somit auch „der Bundestag als drittes Verfassungsorgan", neben der Bundesregierung und dem Bundesrat, das Verbotsverfahren (vgl. ebd.).

Zwar stimmte die Mehrheit im Bundestag für ein NPD-Verbot, jedoch gab es zu dieser Zeit auch Stimmen, die sich gegen ein solches Verbot aussprachen. Einzelne Politiker von CDU, FDP und den Grünen hatten die Befürchtung, dass „ein solches Verbot andere rechtsextreme Parteien aufwerten würde" (ebd.). Guido Westerwelle (FDP) gab zu bedenken, dass die NPD durch ein Verbot als „Märtyrer" der rechtsextremen Szene gelten könne. Auch der Grüne-Politiker Volker Beck äußerte Kritik. Seiner Meinung nach würde ein verbot zwar einzelne Parteien treffen, jedoch nicht die Ideologie. Für ihn liegt das Problem vielmehr in der doch weiten Verbreitung rechtsextremen Gedankenguts (vgl. ebd.). Diesem Einwand stimmten auch weitere Kritiker (bspw. Renate Künast) zu, denn allgemein gefasst würde das Verbot nur eine „vorübergehende Entsorgung des Problems" sein (ebd.).

An dieser Stelle muss darauf verwiesen werden, dass in dem Verfassungs-schutzbericht des Jahres 1999 weder von einer Wesensverwandtschaft der

NPD mit der NSDAP die Rede ist, noch die NPD eine „aktiv-kämpferische Haltung gegenüber der freiheitlich-demokratischen Grundordnung" habe (vgl. Lang (2008): 33).

Die Debatte über ein angestrebtes NPD-Verbotsverfahren war nicht zuletzt durch Hysterie und der damit verbundenen schnell entwickelten Eigendynamik charakterisiert, in welcher sich letzten Endes die Befürworter eines Verbotsverfahrens durchsetzten (vgl. Lang (2008): 31).

3. Verlauf des NPD-Verbotsverfahrens in den Jahren 2000-2003

Zum Jahresende 2000 waren sich SPD, CDU, Grüne und PDS einig, einen Antrag auf ein Verbot der NPD zu stellen. Annelie Buntenbach, die zu dieser Zeit Bundestagsabgeordnete für die Grünen war, erläuterte diese Forderung wie folgt:

> „Die AntragstellerInnen sind mehrheitlich der Auffassung, dass das von den Verfassungsschutzbehörden gesammelte Material für den Nachweis ausreiche, die NPD sei mit der NSDAP 'wesensverwandt' und sei nach 'ihren Zielen oder nach dem Verhalten ihrer Anhänger' auf 'aktiv-kämpferische, aggressive' Weise darauf aus, die freiheitliche demokratische Grundordnung zu beeinträchtigen oder zu beseitigen oder den Bestand der Bundesrepublik Deutschland zu gefährden." (Wolf (2006): 2)

Dagegen lehnte die FDP weiterhin ein Verbotsverfahren geschlossen ab.
Die Bundesregierung reichte ihren Antrag am 30. Januar 2001 beim Bundesverfassungsgericht ein. Zwei Monate später, am 30. März 2001 folgten dann die fehlenden Anträge von Bundesrat und Bundestag (vgl. ebd.). Einen Tag vor Einreichung der Anträge von Bundesrat und Bundestag, verdeutlichte Otto Schily die Aggressivität der NPD bei der Vorstellung des Verfassungs-schutzberichtes 2000 erneut und das sie offensiv den „Kampf um die Straße" fortführen werden (vgl. ebd.). Weiterhin würde der Bericht des Verfassungs-schutzes herausstellen, so Otto Schily, dass „die Partei sich offen zu der Zusammenarbeit mit gewaltbereiten Neonazis" bekennen würde und somit die

„Basis für eine organisierte Unterwanderung des demokratischen Rechtsstaates, für Antisemitismus und Rassismus" bilden würde (vgl. ebd.).

Die Richter des Bundesverfassungsgerichtes entschieden Anfang Oktober 2001, dass „die drei Verbotsanträge weder unzulässig noch offensichtlich unbegründet seien" (vgl. ebd.). Somit konnten die Anträge bzw. Verfahren der Hauptverhandlung zugelassen werden.

Im Folgenden werden die einzelnen Anträge von Bundesregierung, Bundestag, Bundesrat und deren rechtlichen Vertretern sowie das damit zusammen-hängende strategische Vorgehen kurz dargestellt.

In dem Verbotsverfahren ließ sich die Bundesregierung von den Rechtsanwälten Prof. Dr. Hand Peter Bull und Dr. Karlheinz Quack vertreten. Die Antragsschrift, auf Grundlage dessen die Verfassungswidrigkeit der NPD dargestellt und bewiesen werden sollte, umfasste insgesamt 99 Seiten. Der Verbotsantrag wurde von den Rechtsanwälten dadurch begründet, dass das Verbot der NPD im Kampf gegen Rechtsextremismus unabdingbar sei. Die Notwendigkeit wurde daran festgemacht, dass durch ein Verbot der NPD verfassungsfeindliche Meinungsäußerungen zwar nicht unterbunden werden können, jedoch werde dadurch verhindert, dass dies innerhalb einer Organisation einer politischen Partei geschehe.

Darüber hinaus begründet sich der Antrag auf die „Ablehnung des Systems" durch die NPD. Dies haben die Anwälte durch Zitate von Parteimitgliedern versucht zu belegen. Jedoch stammten diese Zitate von „einfacheren" Parteimitgliedern und waren dadurch nicht stichhaltig (vgl. Lang (2008): 34f.).

Der Antrag durch den Bundestag, vertreten durch den rechtlichen Beistand von Prof. Dr. Günther Frankenberg und Prof. Dr. Wolfgang Löwer, fokussierte sich auf die Frage nach der Wesensverwandschaft der NPD zu der NSDAP. Der Antrag begründete die Wesensverwandschaft mit dem Nationalsozialismus durch die „Reichsidee und das Großraum-Denken", der „Ideologie der Volksgemeinschaft" und dem „Sozialdarwinismus, Rassismus und Antisemitismus" (vgl. Lang (2008): 36).

Der Bundesrat ließ sich durch den Juristen Dr. Dieter Sellner vertreten. Diese Antragsschrift umfasste 207 Seiten, auf denen die Verfassungswidrigkeit dargelegt werden sollte. Dazu wurden verfassungswidrige Punkte wie exemplarisch die „Maßgeblichkeit des Gesamtbildes", der „wert- und wehrhaften Demokratie", der „Beeinträchtigung oder Beseitigung der freiheitlich-demokratischen Grundordnung", oder das „Parteiverbot als vorsorgende Maßnahme der wehrhaften Demokratie" angeführt" (vgl. Lang (2008): 37).

Auf der Beklagtenseite wurde die NPD in allen drei Anträgen bzw. Verfahren von den Rechtsanwälten Dr. Hans Günter Eisenecker und Horst Mahler vertreten. Groteskerweise ist Horst Mahler ein ehemaliges Gründungsmitglied der Roten Armee Fraktion (RAF) (vgl. Flemming (2007)). Aufgrund von Volksverhetzung ist er Anfang des Jahres 2009 zu einer mehrjährigen Haftstrafe verurteilt worden (vgl. Sueddeutsche (2009)).

Die Verhandlung selbst wurde vom Bundesverfassungsgericht auf den Monat Februar im Jahr 2002 festgesetzt. Zu diesen insgesamt fünf Verhandlungs-terminen wurden 14 Personen, überwiegend Funktionsträger der NPD, geladen. Jedoch wurden die Verhandlungstermine am 22. Januar 2002 durch das Bundesverfassungsgericht abgesagt, da sich eines der 14 NPD-Mitglieder als V-Mann entpuppte. Daraufhin mussten sich Bundesregierung, Bundestag und Bundesrat dazu bekennen, noch weitere V-Männer in die NPD durch den Verfassungsschutz *eingeschleust* zu haben (vgl. Wolf (2006): 2). Im weiteren Verfahren stellte sich letztendlich heraus, dass jeder siebte Funktionär der NPD ein V-Mann des Verfassungsschutzes war (vgl. Lang (2008): 33). Selbst der Mitbegründer der NPD und Bundesvorstandsmitglied, Wolfgang Frenz, hat mehr als 30 Jahre für den Verfassungsschutz gearbeitet. Weitere Identitäten von V-Männern wollten Bundesregierung, Bundestag und Bundesrat allerdings nicht preisgeben (vgl. Lang (2008): 40).
Am 30. August 2002 stellten die rechtlichen Vertreter der NPD den Antrag auf Einstellung des Verfahrens. Zuvor wurde bekannt, dass V-Männer selbst auf höchster Parteiebene agiert hatten. Als Antragsbegründung wurde angeführt, dass ein Verbotsantrag einer Partei nicht durch die Gegebenheit begründet werden könne, dass Tatsachen der zu verbietenden Partei von der bzw. durch die *interessierte(n) Seite manipuliert* worden seien (vgl. Lang (2008): 42f.).

Das Bundesverfassungsgericht gab seine Entscheidung zum Verfahrens-fortgang am 18. März 2003 bekannt. Das Bundesverfassungsgericht verkündete, dass „drei der sieben beteiligten Richter die Fortsetzung des Verfahrens abgelehnt haben" und somit das Verfahren nicht fortgeführt werden könne (vgl. Wolf (2008): 2).

Begründet wurde die Entscheidung vor allem damit, dass durch V-Männer auf Führungsebene der NPD, ein zu großer staatlicher Einfluss auf die Willensbildung und damit zusammenhängend auch auf die Tätigkeit der Partei eingewirkt habe.

Somit bestehe aufgrund von „mangelnder Staatsfreiheit" der Antragsgegner ein zu großes Hindernis das Verfahren fortzuführen (vgl. Lang (2008): 43).

Ein weiterer Grund das Verfahren einzustellen war nach Meinung des Bundesverfassungsgerichts, der Versuch auf Seiten der Antragsteller, ein weiteres Mitglied des NPD Bundesvorstandes als Informant für den Verfassungsschutz, nach Stellung der Verbotsantrags, abzuwerben.

Weiterhin seien Äußerungen von Mitgliedern der NPD als Antragsbegründung seitens der rechtlichen Vertreter der Bundesregierung verwendet worden, die durch die Tatsache, dass diese Mitglieder als V-Leute für den Verfassungsschutz tätig waren, ohne kenntlich gemacht worden zu sein, als Tatbestand unzureichend wären (vgl. Lang (2008): 44).

Es bleibt demnach festzuhalten, dass das angestrebte Verbotsverfahren von Bundesregierung, Bundestag und Bundesrat allein dadurch gescheitert ist, dass V-Leute durch den Verfassungsschutz auf Führungsebene der NPD *eingeschleust* wurden. Neutral blieb das Gericht gegenüber den inhaltlichen Fragen der Verfassungswidrigkeit der NPD.

4. Das Scheitern des NPD-Verbotsverfahren und die darauf folgenden politischen Reaktionen

Die Reaktionen innerhalb der Politik auf die Entscheidung des Bundesverfassungsgerichtes waren zwar nur von kurzer Dauer, dafür jedoch heftig. Ein Grund für diese Kurzlebigkeit des gescheiterten Verfahrens war der Beginn des Irak-Kriegs. Somit wurde dieser innerdeutschen Problematik keine angemessene Zeit zur Diskussion eingeräumt.

Die Reaktion des Bundesinnenministers Otto Schily lässt sich am besten mit dem Begriff „Empörung" beschreiben. Indirekt warf er den Richtern Zurückhaltung vor, denn seiner Meinung nach gab es keine Verfahrenshindernisse. Die Informanten seien ausschließlich für die Informationsverbindung abgeordnet. Darüber hinaus äußerte Schily, der Senat habe sich durch die Presse beeinflussen lassen. Die Exekutive wird von einer Minderheit des Senats vor die Wahl gestellt, entweder auf die Fortsetzung der Beobachtungen einer verfassungsfeindlichen Partei durch nachrichtendienstliche Mittel zu verzichten oder auf die Einleitung eines Verbotsverfahrens. Zu bedenken ist hier, ob Schilys Interpretation der Begründung zum Verfahrensabbruch des Bundesverfassungsgerichts angemessen war. Denn das Bundesverfassungsgericht hat nicht das Einschleusen von Informanten konkret beanstandet, sondern den Einsatz dieser Informanten im Vorstand der Partei (vgl. Flemming (2005): 209). Schily folgerte aus der Entscheidung des Senats, dass zukünftig folgende Parteiverbotsverfahren von diesem Entschluss negativ behaftet sind. Ferner hat er in seiner damaligen Position als amtierender Innenminister und somit als oberster Dienstherr des Verfassungsschutzes sämtliche Verantwortung am Scheitern des Verfahrens von sich gewiesen und selbst die Schuldzuweisung an Günther Beckstein gerichtet (vgl. Flemming (2005): 210).

Merklich deutlicher kommentierte die Bundestagsfraktion von Bündis 90/Die Grünen das gescheiterte Verbotsverfahren. Ihrer Ansicht nach, sei die Entscheidung ein Signal der Stärke der Rechtsstaatlichkeit und den Institutionen. Durch die V-Leute innerhalb der NPD wäre das gesamte Verfahren von Beginn an gefährdet worden. Schließlich liegt der Grund des Scheitern an „der Unfähigkeit der bundesdeutschen Geheimdienste, der Demokratie in rechtsstaatlicher Weise zu dienen", denn die Verfassungsschutzämter hätten letztlich als „Lebensversicherung" der NPD gedient. Demnach ist auch nicht verwunderlich, dass die Grünen eine Reform der Geheimdienste forderte (vgl. Flemming (2005): 211).

Günther Becksteins Reaktion zeigte Parallelen zu Otto Schilys. Er hielt immer noch an der korrekten Intention des Verfahrens fest, versuchte das Scheitern aber positiv zu sehen. Denn dadurch sei die Wehrhaftigkeit der Demokratie Deutschlands gestärkt worden. Durch die Mitgliederverluste der NPD sei auch erkennbar, dass sie in keiner Weise von dem Verfahren profitiert haben (vgl. Flemming (2005): 212). Guido Westerwelle, der wie die gesamte FDP von Anfang an gegen ein Verbotsverfahren war, beschrieb den Verlauf sowie den Ausgang des Verfahrens als ein „justizpolitisches Desaster". Hier wurde die Schuldzuweisung bei den beiden großen Parteien gesucht. Nach Meinung der FDP hätten Beckstein und Schily „schwere Schuld auf sich geladen", den Institutionen schweren Schaden zugefügt und es der NPD „vereinfacht".

Der Kampf gegen die NPD müsse nicht juristisch, sondern politisch angegangen werden (vgl. Flemming (2005): 213). Die Debatte schloss seitens Otto Schilys mit dem Ausschluss eines neuen NPD-Verbotsverfahrens ab. Die vor allem von den Grünen geforderte Reformierung des Verfassungschutzes und die daraus resultierten Reformvorschläge der Parteien, scheiterten letztlich an fehlender Umsetzungsbereitschaft. Die Diskussion um eine Reformierung des Verfassungsschutzes stagnierte somit ohne ein wirkliches Ergebnis (vgl. Flemming (2005): 215).

5. Wiederkehr der Debatte um ein Verbotsverfahren der NPD (Jahr 2005-2008)

Die erneute Debatte über ein NPD-Verbotsverfahren hatte, wie schon die erste Debatte im Jahr 2000, mehrere Auslöser. Der eigentliche Skandal, der für Aufruhr sorgte, ereignete sich im Januar 2005 als sich NPD-Abgeordnete im sächsischen Landtag einer Gedenkminute der Opfer der nationalsozialistischen Gewaltherrschaft entzogen und später die Alliierten öffentlich als „Massenmörder" bezeichneten und sie für ein „Bomben-Holocaust" verantwortlich machten, welches nicht in direkter Verbindung mit der Machtergreifung Hitlers und dem beginnenden zweiten Weltkrieg stehe. Daraufhin wurde ein Strafverfahren wegen Volksverhetzung („Leugnung der verbrechen des Naziregimes") gegen die Verantwortlichen der NPD eingeleitet (vgl. Wolf (2006): 2).

Die daran anschließende NPD-Verbotsdebatte geriet erst eineinhalb Jahre später wieder in den Mittelpunkt, während des Landtagswahlkampf in Mecklenburg-Vorpommern und Berlin. Im Rahmen dessen wurden Wahlhelfer der demokratischen Parteien von Rechtsextremen bedroht und zusammengeschlagen, um die Wahlveranstaltung gezielt zu stören.

Letztendlich gelang es der NPD mit erreichten 7,3% bei den Landtagswahlen in Mecklenburg-Vorpommern im Oktober 2006 in den Schweriner Landtag einzuziehen (vgl. ebd.).

Auch der Präsident des Bundesverfassungsgerichts, Hans Jürgen Papier, stellte nach dem Skandal im Januar 2005 nochmals deutlich dar, dass das gescheiterte Verbotsverfahren im Jahr 2003 „keine Vorentscheidung über künftige Verbotsanträge" sei und entzog somit der damalig geäußerten Auslegung Otto Schilys nochmals in aller Deutlichkeit die Grundlage. Das Verfassungsgericht, so Hans Jürgen Papier, habe bei Ablehnung des Verfahrens „keine Entscheidung über die Frage der Verfassungswidrigkeit der NPD getroffen".

Dieter Wiefelspütz, innenpolitischer Sprecher der SPD, kündigte als Reaktion auf den Vorfall im Januar 2005 eine erneute Prüfung für ein neues NPD-Verbotsverfahren an. Diesem stimmte der Deutsche Gewerkschaftsbund ebenfalls zu und sprach sich explizit für ein erneutes Verfahren aus, denn die NPD sei eindeutig antidemokratisch und rassistisch (vgl. ebd.). Dieser neu aufgeflammten Debatte schloss sich auch der ehemaliger CDU-Generalsekretär Volker Kauder an, forderte jedoch zugleich die Bundesregierung dazu auf, dafür Sorge zu tragen, dass en erneutes Verfahren Erfolgszuversicht garantiert. Bedenken wurde vom damaligen Präsidenten des Zentralrats der Juden geäußert, der zwar konform mit der Meinung Kauders ging, jedoch wie auch schon die FDP zum gescheiterten Verfahren 2003 anmerkte, dass durch ein Verbot Rechtsextremismus, Antisemitismus und die Unwissenheit über die Vergangenheit Deutschlands bei den NPD-Wählern nicht beseitigt werden könne (vgl. Wolf (2006): 2f.).

Der anfangs dieser Arbeit genannte Initiator des ersten NPD-Verbotsverfahrens, Günther Beckstein, nahm allerdings Abstand von einem erneuten Versuch die NPD zu verbieten. Seiner Meinung nach sei es derzeitig schwierig, der NPD eine „massive kämpferische Haltung nachzuweisen" (Wolf (2006): 3). Auch sein nun mehr skeptischer Mitinitiator Otto Schily sprach sich gegen ein erneutes Verbotsverfahren aus. Es würden zwar weiterhin Möglichkeiten geprüft werden, jedoch habe sich an der Zusammensetzung des betreffenden Senats beim Bundesverfassungsgerichts nichts geändert. Dem schloss sich auch Volker Beck (Bündis 90/die Grünen) an. Seine Argumentation baute jedoch auf einem zu hohen Risiko für ein erneutes Verfahren auf, da sich seines Wissens nach an der Beobachtungspraxis des Verfassungsschutzes nichts geändert habe, und nach wie vor V-Leute in der NPD vorhanden seien. Zudem würde man der NPD bei einem weiteren Scheitern „womöglich einen weiteren Sieg schenken" (ebd.). Zudem wurden auch Stimmen laut, die warnten, dass der NPD durch die Dauerpräsenz innerhalb der Medien kostenlose Werbe-kampagnen verschafft werden würden (vgl. ebd.).

Nachdem die wiederaufgenommene Diskussion um ein weiteres Verbotsverfahren abgeklungen war, entfachte sich die Debatte, vor allem in der SPD, im Spätsommer 2006 erneut. Anlass dazu waren gewalttätige Übergriffe von mutmaßlichen Rechtsextremisten auf Wahlkämpfer der SPD und CDU aus Berlin und Mecklenburg-Vorpommern. Auch die SPD-Jugendorganisation meldete sich zu Wort. Björn Böhning, Bundesvorsitzende der Jusos, machte sich dafür stark, dass „alle Möglichkeiten genutzt werden, um diese nazistische und aggressive Organisation zu zerschlagen" (ebd.). Es wurde jedoch erneut davor gewarnt, so auch von Klaus Uwe Benneter (SPD), dass es „nicht noch einmal einen Schuss in die Luft geben darf. Der nächste Schuss muss sitzen" (ebd.). Auch der amtierende Berliner Bügermeister Klaus Wowereit versuchte einem erneuten Verbotsverfahren Nachdruck zu verleihen. Nach ihm sei es unerträglich,

> „dass die Neonazis dank des Parteienprivilegs mit einer nicht zu überbietenden Dreistigkeit auftreten und dass sie öffentliche Gelder für Büros und andere Infrastrukturen etwa aus der Wahlkampfkostenerstattung kassieren" (ebd).

Es traten jedoch auch immer mehr Stimmen auf, die sich gegen ein erneutes Verbotsverfahren aussprachen. So beispielsweise auch Heinz Lanfermann (FDP), der für eine politische Auseinandersetzung einstehe. Im Kampf gegen rechtsextremistischen Parteien müsse mehr auf „zusätzliche Arbeitsplätze, eine gute Bildung und mehr Eigenverantwortung" gesetzt werden. Dies würde die Demokratie stärken (vgl. Wolf (2006): 4). Auch die Gewerkschaft der Polizei Nordrhein-Westfalen (GdP) war gegen ein Verbot der NPD. So äußerte sich der GdP-Landesvorsitzende Frank Richter, dass „der Ruf nach dem

Verfassungsgericht nichts in den Köpfen der Menschen ändert, die fremdenfeindlichen oder nationalistischen Parolen auf den Leim gehen" (ebd).

Laut einer Umfrage des Meinungsforschungsinstitut Ipsos im September 2006, glaubten zu dieser Zeit 86% der Bevölkerung, dass rechtsextreme Parteien nicht durch Verbote zu bekämpfen seien. Sie sprachen sich somit gegen rechtsextreme Parteien aus, zweifelten aber ein Parteienverbot an (vgl. ebd.).

Ein erneuter Antrag auf ein NPD-Verbotsverfahren wurde jedoch bis heute noch nicht gestellt. Selbst der Mordversuch am Passauer Polizeichef Alois Mannichl, im Dezember letzten Jahres, welcher im Verdacht steht von Rechtsextremen verübt worden zu sein, entfachte zwar wiedermal eine neue Debatte über ein mögliches Verbot der NPD, führte jedoch nicht zu einem konkreten Antrag vor dem Bundesverfassungsgericht. Resultierend aus dem Mordversuch, forderte Horst Seehofer (CSU) kurz darauf Mitte Dezember 2008 das Wiederanstreben eines erneuten Verfahrens. Die SPD ergriff dabei Partei. Jedoch lehnten die FDP und die Grünen ein erneutes Verfahren ab, so Guido Westerwelle: „Wenn es Klarheit gäbe, die vor Karlsruhe auch Bestand hat, dann wäre ich dafür" (vgl. Focus Online). Zudem reagierte auch die Bundesregierung mit Zurückhaltung. Günther Beckstein hielt immer noch an seiner Position fest, dass das damalige Einstellen des Verfahrens durch das Bundes-verfassungsgericht seiner Auffassung nach immer noch falsch sei.

Eine Sprecherin des Bundesamt für Verfassungsschutz verwies auf Erkenntnisse, „wonach sich die rechtsextremistische Gewalt 2007 nicht erhöht habe" (ebd.).

6. Schwierigkeiten eines erneutes NPD-Verbotsverfahrens

Vorwegzunehmen ist die zentrale Frage nach der Verfassungsfeindlichkeit der NPD. In diesem Punkt sind sich Politikwissenschaftler und Verfassungsschützer einig. Zu hinterfragen bleibt jedoch unter welchen Voraussetzungen ein erneutes NPD-Verbotsverfahren Aussicht auf Erfolg versprechen könnte.

Im November 2006 äußerte sich der Präsident des Bundesamtes für Verfassungsschutz, Heinz Fromm, in einem Interview für den Spiegel Online dahingehend, dass die NPD momentan keine Gefahr für das demokratische

System darstelle, sie jedoch ohne Zweifel verfassungsfeindlich sei (vgl. Spiegel Online (2006)).

Zu der Frage nach dem Rückzug von V-Leuten, warnte Fromm:

> „Wenn über extremistische Organisationen nur noch öffentlich verfügbare Informationen gesammelt werden, besteht die Gefahr, dass Dinge im verborgenen stattfinden, egal ob bei der NPD oder jener anderen extremistischen Gruppierung. Es gäbe dann nur noch begrenzte Möglichkeiten, präventiv zu agieren" (ebd.).

Der Konflikt des vergeblichen Verbotsverfahren 2003 zwischen der Verfassungsfeindlichkeit und dem Rückzug von V-Leuten wird hier von Fromm ganz deutlich illustriert. Weiterhin betont er, dass es das Prinzip der wehrhaften Demokratie sei, dass „frühzeitig gegen verfassungsfeindliche Tendenzen vorgegangen werde" (ebd.). In der Vergangenheit seien mehrere kleine rechtsextreme Organisationen verboten worden. Nach ihm müsse also der Fokus bei einem erneuten Versuch die NPD zu verbieten auf der Frage nach der Verfassungsfeindlichkeit liegen und nicht auf der Frage nach der Vertretung einer extremistischen Organisation im Parlament (vgl. ebd.).

Die Schlussfolgerung aus seinen Ausführungen ist demnach, dass die NPD auch weiterhin unter Beobachtung von V-Leuten stehen muss. Doch wie schon im Kapitel drei beschrieben und daraus hervorgehend, war die Beobachtung durch V-Leute letztendlich der Grund für die Einstellung des Verbotsverfahrens durch das Bundesverfassungsgericht.

Einen Vorschlag, um den Konflikt des generellen Abzugs von V-Leuten zu umgehen, brachte Winfired Hassemer, Stellvertreter des Präsidenten des Bundesverfassungsgerichts, ein. Er rief künftige Antragsteller dazu auf Sorge zu tragen, dass vor und während eines erneuten Verfahrens V-Leute aus der Führungsebene der NPD abgezogen abgezogen bzw. Abgeschaltet würden (vgl. Wolf (2006): 3f.). Es bleibt also festzuhalten, dass es diese grundlegende Schwierigkeit zu lösen gilt. Damit das Bundesverfassungsgericht über die inhaltliche Frage der Verfassungswidrigkeit der NPD künftig entscheiden kann, muss die Überbrückung zwischen erforderlicher Überprüfung durch V-Leute

zum einen und deren verfahrenshinderlichem Mitwirken in den Führungs-
ebenen der NPD zum anderen gelingen. Noch nicht einmal die Partei selbst bestreitet die eigene Verfassungs-
feindlichkeit. So äußerte sich am 2. September 1998 Uwe Leichsenring,
Stadtrat der NPD in Königstein, eindeutig:
„Natürlich sind wir verfassungsfeindlich. Wir wollen eine andere Gesellschafts-
ordnung" (Verbotsantrag des Bundesrates, Pkt. 3 - Programmatisches Ziel der
NPD (2001): 67f.). Auch Holger Apfel hat 1998 in der Eröffnungsrede des 1.
Tages des nationalen Widerstandes kundgegeben:

> „Ja, liebe Freunde, wir sind stolz darauf, dass wir alljährlich in den
> bundesdeutschen Verfassungsberichten stehen und dort als feindlich,
> verfassungsfeindlich, gegen dieses System gerichtet genannt sind. Jawohl,
> wir sind verfassungsfeindlich" (ebd.).

Wie schon zuvor und in den vorherigen Kapiteln durch Anführung von
Meinungen einiger Politiker angebracht, stellt sich jedoch die Frage, ob ein
Parteiverbot das richtige Mittel ist, um dem Rechtsextremismus ein Ende zu
setzen. Zumal ein Parteiverbot einerseits die Problematik eines großen
Einschnitts in die Meinungsfreiheit aufwirft und andererseits die Ideologie auch
ohne Partei weiterlebt. Außerdem gibt es andere rechtsextreme Parteien wie
ProNRW, die als „Auffangbecken" dienen könnten.
Durch das erneute Aufrollen einer Debatte um ein erneutes Verbotsverfahren,
hatte Joachim Hermann (CSU) vor der Bundestagswahl 2009 für Aufsehen
gesorgt. Hermann „wolle dem Treiben der NPD nicht zusehen, bis sich diese
Verfassungsfeinde in der Republik etabliert hätten" (vgl. Welt Online (2009)).
Währenddessen Hermann von der Tochterpartei CDU keine wirkliche
Zustimmung erfuhr, begrüßte die SPD um Thomas Oppermann die
Initiativergreifung seitens der CSU. Es wurde jedoch vom Chef des
Bundestags-Innenausschusses, Sebastian Edathy (SPD), Skepsis geäußert,
dass Hermann „in seiner schwarz-gelben Landesregierung wegen der Haltung
der FDP gegen die Wand liefe"(ebd.). Einigkeit herrschte wiedermal über
Tatsache, dass die Gefahr unverändert groß sei, dass ein solches
Verbotsverfahren scheitern könne - mit der fatalen Folge, dass dadurch die
NPD gestärkt würde (vgl. ebd.). Letztendlich ist nicht ersichtlich, inwieweit die

Forderung Hermanns einen wirklichen Fortschritt in der Debatte um ein Verbot beigetragen hat.

Eine andere Möglichkeit das Verbot der NPD zu erreichen, könnte sich eventuell auf den Finanzskandal des letzten halben Jahres 2009 stützen. Nachdem einer der radikalsten NPD-Propagandisten, Jürgen Rieger, der auch als Hauptfinanzierer der NPD galt, im Oktober 2009 plötzlich verstarb, steht die Frage um sein Erbe noch aus (vgl. Süddeutsche Online: NPD verliert wichtigen Geldgeber (2009)). Dies könnte fatale Folgen in der Partei-finanzierung der NPD haben. Zumal im Mai 2009 das Berliner Verwaltungs-gericht die NPD wegen eines falschen Rechenschaftsberichts zu 1,27 Mill. Euro Strafe verurteilt hatte. „Die Partei hatte zuvor in ihrem Jahresbericht 2007 die Zuwendungen aus der staatlichen Parteienfinanzierung nicht vollständig ausgewiesen"(Handelsblatt: NPD vor Finanzskandal (2009)). Und nicht zuletzt der jüngste Finanzskandal um den ehemaligen Schatzmeister der NPD, Erwin Kemna, dem von der Staatsanwaltschaft Münster Betrug vorgeworfen wird. „Er solle für die rechtsextreme Partei jahrelang überhöhte Auszahlungen vom Bundestag ergaunert haben"(Spiegel Online: Staatsanwälte klagen EX-NPD-Schatzmeister an (2009)). Somit stellt sich die Frage, ob durch den noch nicht geklärten Finanzskandal und das ausstehende Erbe Jürgen Riegers die Partei nicht in naher Zukunft selbst handlungsunfähig wird. Demnach würde sich ein erneutes Verbotsverfahren erübrigen.

Abschließend ist also zu sehen, dass durchaus interne Parteiprobleme der NPD bestehen, die vor allem die Finanzierungsmöglichkeiten betreffen. Sollte sich die NPD jedoch aus dieser Schieflage „retten" können, dann ist und bleibt der weiterhin bestehende Konflikt um den Abzug der V-Leute und der Anklage auf Verfassungsfeindlichkeit bestehen.

7. Resümee

Zur Zeit ist kein Antrag auf Prüfung der Verfassungswidrigkeit der NPD vor dem Bundesverfassungsgerichts in Sicht. Allerdings veranlasst der zuletzt im März 2009 veröffentliche Verfassungsschutzbericht, der einen Anstieg von Gewalttaten mit rechtsextremen Hintergrund verdeutlicht, eine stetige Prüfung der anfangs angeführten Frage. Wie aussichtsreich ein erneutes NPD-verbotsverfahren letztendlich ist, kann vor der Begründung der Entscheidung von 2003 nur bedingt vermutet werden. Es wird jedoch zweifellos, und das verdeutlichen auch die Aussagen der Oppositionen, sichergestellt werden müssen, dass keine Fehler, die das Verfahren im Jahre 2003 scheitern ließen, noch einmal gemacht werden. Das Augenmerk ist dabei vor allem auf die Abstinenz von V-Leuten auf Führungsebene der NPD zu legen. Diese Abstinenz von V-Leuten muss vom Bundesverfassungsgericht vorgegeben sein, um jegliche Manipulation von Anfang an ausschließen zu können. Nur durch das Einhalten dieser Bedingung wird ein gerechtes Verfahren ermöglicht, in dem sich dann der Prüfung der Verfassungsfeindlichkeit der Partei zugedacht werden kann. Der Ausgang dieser Prüfung und ein womöglich mit sich ziehendes Verbot, bleibt jedoch in soweit ungewiss, bis sich die einzelnen Parteien zu einem erneuten Versuch geeinigt ausgesprochen haben.

Literaturverzeichnis

Flemming, Lars: Das NPD-Verbotsverfahren. Vom „Aufstand der Anständigen" zum „Aufstand der Unfähigen", Baden-Baden 2005, 1 Auflage

Flemming, Lars: Das Scheitern der Anständigen. Der Extremismus erfordert Wachsamkeit, aber blinder Aktionismus schadet.
http://www.das-parlament.de/2005/45/Thema/015.html , 07.11.2005,
Stand: 27.12.2009

Focus Online: Fall Mannichl. Neue Debatte über NPD-Verbot
http://www.focus.de/politik/deutschland/fall-manichl-neue-debatte-ueber-npd-verbot_aid_356106.html , 15.12.2008, Stand: 30.12.2009

Handelsblatt: Volksverhetzung. Horst Mahler zu sechs Jahren Haft verurteilt.
http://www.handelsblatt.com/journal/nachrichten/horst-mahler-zu-sechs-jahren-haft-verurteilt;2173613 , 25.02.2009, Stand: 29.12.2009

Handelsblatt: NPD vor Finanzskandal - Rieger-Akten verschwunden?
http://www.handelsblatt.com/newsticker/politik/extremismus-npd-vor-finanzskandal-rieger-akten-verschwunden;2480796 , 09.11.2009, Stand 31.12.2009

Kalitz, Steffen: Stolze Verfassungsfeinde
http://www.bundestag.de/dasparlament/2005/45/Thema/007.html , 07.11.2009,
Stand: 30.12.2009

Lang, Anne-Katrin: Demokratieschutz durch Parteiverbot? Die Auseinandersetzung um ein mögliches verbot der Nationaldemokratischen Partei Deutschlands (NPD), Marburg 2008

Leggewie, Claus: Verbot der NPD oder mit Rechtsradikalen leben?, Frankfurt am Main 2002

NPD Online Homepage: Die Geschichte der NPD. Teil 1: Gründung und erste Erfolge
www.npd.de/html/243/artikel/detail/136 , Stand: 27.12.2009

Süddeutsche Zeitung Online: Volksverhetzung. Horst Mahler zu sechs Jahren Haft verurteilt. http://www.sueddeutsche.de/politik/970/459610/text , 25.02.2009,
Stand: 28.12.2009

Süddeutsche Zeitung Online: NPD verliert wichtigen Geldgeber http://www.sueddeutsche.de/politik/438/492792/text/ , 30.10.2009, Stand 31.12.2009

Spiegel Online: Die Verankerung der NPD muss uns alle beunruhigen
http://www.spiegel.de/politik/deutschland/o,1518,449456,00.html , 21.11.2006,
Stand: 30.12.2009

Spiegel Online: Staatsanwälte klagen EX-NPD-Schatzmeister an
http://www.spiegel.de/politik/deutschland/0,1518,668325,00.html , 21.12.2009, Stand:
31.12.2009

Verbotsantrag des Bundesrates
http://verbotsverfahren.npd.de/index.html?http://verbotsverfahren.npd.de/antraege/
antrag_bundesrat.htm, 30.03.2001, Stand: 31.12.2009

Welt Online: CSU Vorstoss - Debatte über NPD-Verbot wieder voll entbrannt
http://www.welt.de/politik/article4507716/Debatte-ueber-NPD-Verbot-wieder-voll-
entbrannt.html , 10.09.2009, Stand: 31.12.2009

Wolf, Joachim: Die NPD-Verbotsdebatte
http://www.bpb.de/themen/CU1I2N.html , 08.11.2006, Stand: 27.12.2009